La Breve Storia di Pol Pot

L'Ascesa e il Regno dei Khmer Rossi, la Rivoluzione, i Campi di Sterminio in Cambogia, il Tribunale e il Crollo del Regime Comunista

Dichiarazione di non responsabilità

Copyright 2022 di GREEN MEDIA HOUSE - *Tutti i diritti riservati*

Questo documento si propone di fornire informazioni precise e affidabili in merito all'argomento e alla questione trattata. La pubblicazione viene venduta con l'idea che l'editore non sia tenuto a fornire servizi contabili, ufficialmente autorizzati o comunque qualificati. Se è necessaria una consulenza, legale o professionale, è necessario rivolgersi a un esperto della professione - da una Dichiarazione di Principi che è stata accettata e approvata in egual misura da un Comitato dell'American Bar Association e da un Comitato degli Editori e delle Associazioni.

In nessun modo è lecito riprodurre, duplicare o trasmettere qualsiasi parte di questo documento, né in formato elettronico né in formato cartaceo. La registrazione di questa pubblicazione è severamente vietata e la memorizzazione di questo documento non è consentita se non dietro autorizzazione scritta dell'editore. Tutti i diritti riservati.

La presentazione delle informazioni avviene senza alcun contratto o garanzia di alcun tipo. I marchi utilizzati sono privi di qualsiasi consenso e la loro pubblicazione non è autorizzata o supportata dal proprietario del marchio. Tutti i marchi e le marche presenti in questo libro sono solo a scopo chiarificatore e appartengono ai proprietari stessi, non affiliati a questo documento. Non incoraggiamo l'abuso di sostanze e non possiamo essere ritenuti responsabili per la partecipazione ad attività illegali.

1

Introduzione

Saloth Sar (provincia di Kampong Thum, 19 maggio 1925 - Anlong Veng, 15 aprile 1998), meglio conosciuto come Pol Pot (Khmer: ប៉ុល ពត), è stato un rivoluzionario maoista cambogiano che ha guidato i Khmer Rossi dal 1963 fino alla sua morte nel 1998. Dal 1975 al 1979 è stato primo ministro della Kampuchea Democratica. Pol Pot divenne leader della Cambogia il 17 aprile 1975.

Durante il suo governo, istituì il socialismo agrario, costringendo gli abitanti delle città a trasferirsi in campagna per lavorare nelle fattorie collettive e svolgere lavori forzati. Gli effetti combinati del lavoro forzato, della malnutrizione, delle scarse cure mediche e delle esecuzioni hanno causato la morte di circa il 21% della popolazione cambogiana. In totale, si stima che sotto la sua guida siano morte da 1,5 a 2 milioni di persone.

Nel 1979, dopo l'invasione vietnamita della Cambogia, Pol Pot fuggì nelle giungle del sud-ovest della Cambogia e il governo dei Khmer Rossi crollò. Dal 1979 al 1997, lui e un residuo dei vecchi Khmer Rossi hanno risieduto vicino al confine tra Cambogia e Thailandia, dove si sono aggrappati al potere, con il riconoscimento nominale delle Nazioni Unite come governo legittimo della Cambogia. Pol Pot morì nel 1998 mentre era agli arresti domiciliari della fazione Ta Mok dei Khmer Rossi. Dopo la sua morte, continuano ad affiorare voci secondo cui sarebbe stato avvelenato.

Indice dei contenuti

La storia di Pol Pot

Il fumo nero si è alzato sopra i copertoni delle auto in fiamme, il legno vecchio e i mobili in disuso. Nel mucchio di rifiuti giaceva il corpo di Pol Pot.

La sera del 15 aprile 1998 aveva detto alla moglie che non si sentiva bene. Subito dopo è morto, probabilmente per un attacco di cuore. Questo ha posto fine alla vita del 73enne Pol Pot, l'uomo responsabile della morte di 1,7 milioni di connazionali.

Quando Pol Pot nacque in un villaggio a nord della capitale cambogiana Phnom Penh nel 1925, nell'anno del bue, non era scritto nelle stelle che un giorno sarebbe passato alla storia come un assassino di massa senza scrupoli.

In piena sintonia con il suo oroscopo, il ragazzo, il cui vero nome era Saloth Sar, era gentile e sensibile. Secondo l'astrologia, poteva andare fuori controllo con la rabbia, ma nessuno notò questo lato della sua personalità durante l'infanzia.

Anche tra i suoi compagni di scuola era conosciuto come un ragazzo simpatico e divertente, che non faceva male a una mosca e aveva prestazioni mediocri.

C'era una circostanza che distingueva Saloth Sar dai poveri coltivatori di riso del villaggio in cui viveva: la sua famiglia era ricca e manteneva contatti con la famiglia reale.

Grazie a queste buone conoscenze, nel 1935, all'età di 10 anni, Saloth Sar frequentò l'eminente scuola elementare francese Ecole Miche, a Phnom Penh. Non ha superato un esame dopo l'altro e non ha avuto molto successo nemmeno con i suoi hobby, suonare il violino e recitare.

Nonostante i suoi scarsi risultati, nel 1949 riesce a ottenere una borsa di studio a Parigi. Un'opportunità del genere era riservata solo a pochi, e il destino volle che questo fosse Saloth, tra tutti. Il suo soggiorno in Francia ebbe conseguenze non solo per lui, ma cruciali per l'intera Cambogia.

In patria, Saloth non aveva mai mostrato interesse per la politica, ma quando era studente in Francia, si rese conto dell'ingiustizia nel mondo. Molti studenti erano comunisti incalliti che ammiravano il leader sovietico Stalin, e Saloth Sar partecipava a riunioni studentesche in cui si discuteva del futuro della Cambogia: come avrebbe potuto il paese liberarsi dal dominio coloniale francese, e chi avrebbe dovuto prendere il potere in seguito?

Nel 1952, Saloth aderisce al Partito Comunista Francese. Più tardi, quello stesso anno, tornò in Cambogia, senza una sola laurea in tasca ma con una nuova coscienza politica e il sogno di fondare una Cambogia indipendente e senza classi.

Quando tornò, rimase scioccato: la Cambogia che non aveva visto per tre anni era in guerra. La lotta contro il dominio coloniale francese si era gradualmente trasformata in una sanguinosa guerra civile. L'esercito pattugliava tutta Phnom Penh e la povertà era evidente.

Pol Pot inizia la rivoluzione

Nel 1953, la Cambogia ottenne l'indipendenza dalla Francia, impegnata nella guerra contro il Vietnam. A re Sihanouk fu dato tutto il potere con la missione di combattere i comunisti, ma questo finì con la delusione dei cambogiani che avevano sperato in tempi più pacifici. Negli anni Sessanta, la guerra nel vicino Vietnam si inasprì e la Cambogia fu trascinata nel conflitto.

Poco dopo il suo ritorno dalla Francia, Saloth si iscrisse al Partito Comunista dell'Indocina. Poiché questo partito era illegale, doveva operare in segreto, e così fece Saloth, che continuò a condurre una doppia vita.

Ha elaborato piani per una rivoluzione armata e ha usato vari pseudonimi, tra cui Pol. Allo stesso tempo, lavorava come insegnante in una scuola pubblica francese, dove insegnava le materie di francese, storia e geografia.

Gli studenti erano molto affezionati all'insegnante, bello e ben vestito, che indossava sempre una camicia bianca e pantaloni blu scuro. Aveva un carattere dolce e rideva molto, a differenza della moglie Khieu Ponnary, anch'essa insegnante, che era molto più severa. A scuola, Saloth Sar

9

non ha mai manifestato le sue simpatie politiche, si è comportato in modo sommesso, ma il suo carisma è stato carismatico.

Nel 1963, Saloth Sar fu eletto segretario generale del Partito Comunista, che aveva contribuito a fondare tre anni prima in un capannone vicino alla stazione ferroviaria di Phnom Penh.

Nel periodo in cui Saloth Sar assunse la presidenza del partito, il re Sihanouk si mise a perseguitare i comunisti. Gli arresti si susseguono, molti comunisti vengono giustiziati e altri si danno alla clandestinità. Saloth Sar fuggì nella giungla, dove si nascose in accampamenti per sette anni, e da qui cercò di rimuovere dal trono il re Sihanouk.

Ma il generale Lon Nol, il primo ministro, lo batté sul tempo e organizzò un colpo di Stato non violento nel marzo 1970.

Mentre Sihanouk aveva fatto di tutto per garantire la neutralità della Cambogia, Lon Nol prese una nuova direzione. In cambio dell'aiuto, gli Stati Uniti potevano utilizzare le basi in Cambogia per attaccare il Vietnam.

Scoppiò una guerra civile che durò cinque anni. Sihanouk, che aveva combattuto i comunisti fino alla morte, e Saloth Sar sembravano ora avere un nemico comune: Lon Nol e il suo regime. Con lo slogan "Combattiamo per restituire il potere a Sihanouk", Saloth Sar e il suo nuovo movimento di guerriglia, i Khmer Rossi, iniziarono una lotta armata contro il regime militare.

Il sostegno popolare era forte, soprattutto nelle campagne, bombardate dai B-52 statunitensi. Gli aerei miravano a spezzare le linee di rifornimento dell'Esercito di Liberazione del Vietnam Vietcong, che correvano dal Vietnam del Nord a quello del Sud attraverso la Cambogia. Ma le vittime erano soprattutto contadini cambogiani, che non avevano nulla a che fare con questa storia e che hanno perso le loro famiglie e le loro case nel devastante bombardamento.

Il "fratello numero uno", come Saloth Sar era chiamato dai suoi alleati, non avrebbe potuto desiderare un terreno più fertile per la rivoluzione che stava preparando. I contadini

11

erano pronti a sostenere chiunque, se solo la situazione
fosse cambiata.

Ai Khmer Rossi non mancò quindi il cibo e, con le armi
degli alleati nordvietnamiti, presero il controllo di un
numero sempre maggiore di aree. Dopo feroci
combattimenti nei pressi della capitale, il movimento di
guerriglia ne uscì vittorioso: Lon Nol fuggì dalla devastata
Phnom Penh con i suoi sostenitori e il 17 aprile 1975 si
aprì una nuova era.

Non risuonavano mitragliatrici né piovevano granate; in
effetti, era insolitamente tranquillo nella capitale. Ma
quando al mattino i guerriglieri, vestiti di cotone nero e con
sciarpe rosse, hanno marciato a piedi nudi per le strade,
sono scoppiati gli applausi.

12

La popolazione di Phnom Penh ha accolto i ribelli come eroi della libertà a lungo attesi, senza sapere che la mente dietro il colpo di Stato voleva condurre con loro un esperimento sociale. Ma non è passato molto tempo, in questa insolitamente calda giornata di aprile, prima che gli abitanti di Phnom Penh avessero un assaggio delle sofferenze che li attendevano.

Pol Pot scaccia la gente dalle città

Durante il suo esilio nella giungla, Saloth Sar aveva elaborato i più grandi progetti per il futuro della Cambogia. La rivoluzione avrebbe inaugurato una nuova era. Il 1975 era l'anno zero, da un giorno all'altro la Kampuchea Democratica, come si sarebbe chiamata la nuova nazione, sarebbe stata uno Stato contadino senza classi.

Il denaro fu abolito, la religione proibita. Tutti dovevano essere uguali, indossare gli stessi abiti e lavorare come fratelli e sorelle per la stessa causa.

Saloth Sar non era presente a Phnom Penh nel grande giorno, ma ha emesso l'ordine di cacciare i due milioni di residenti dalla capitale poche ore dopo la presa del potere.

Tutti dovettero uscire dalle loro case, per le strade, i malati e i moribondi furono portati via dagli ospedali e, in questo caos generale, le persone furono riunite in un'enorme processione, diretta verso le comunità dove d'ora in poi avrebbero dovuto coltivare il riso.

Nel tumulto, le famiglie sono state separate e i deboli e gli anziani sono stati uccisi. Altre 10.000 persone morirono durante il lungo cammino verso le risaie nei giorni successivi.

Questo schema si è ripetuto in tutto il paese e meno di una settimana dopo tutte le città erano estinte.

15

Ai punti di controllo lungo le strade, ai residenti è stata chiesta la loro provenienza. I ben istruiti e gli intellettuali sarebbero stati utilizzati per ricostruire la nazione. Ma chi si adeguava era condannato. Saloth Sar temeva la resistenza dell'élite, e così i Khmer Rossi ne fecero un lavoro breve: furono giustiziati.

Il 23 aprile 1975, Saloth Sar tornò tranquillamente nella città fantasma di Phnom Penh. Camminando per le strade deserte, assaporò il dolce sapore della vittoria. Aveva schiacciato l'imperialismo e spodestato i burattini degli Stati Uniti. Per la prima volta in oltre 20 anni, non conosceva nemici e, con la vittoria in tasca, la strada era libera per la sua società ideale.

Scompare il sostegno a Pol Pot

Per segnare la nuova era, Saloth Sar mette fine al suo passato. Tagliò i ponti con la famiglia e si fece chiamare Pol Pot.

Dopo oltre un anno di duro lavoro, nell'agosto del 1976 presentò un piano quadriennale alla leadership del partito. I concetti chiave erano costruzione e difesa. In termini di costruzione, l'intero Paese doveva diventare un'unica grande risaia e il reddito derivante dal surplus delle esportazioni del raccolto doveva essere utilizzato per costruire fabbriche specializzate in utensili: mobili, scarpe, tessuti e sapone.

Finché abbiamo il riso, abbiamo tutto", era il mantra di Pol Pot.

Come la produzione di riso, anche la difesa della nazione era di grande importanza. Pol Pot insisteva sul fatto che i nemici dello Stato dovevano essere uccisi. Se siamo lenti e deboli, il nemico saboterà il Paese", ha detto.

Temendo un attacco, Pol Pot si è dato alla clandestinità. Diffidente verso tutto e tutti, era sempre circondato da guardie del corpo e, invece di apparire in pubblico, mandava i suoi ministri. Al di fuori della leadership del partito, erano in pochi a sapere chi deteneva il potere. Persino i fratelli di Pol Pot non avevano idea che il loro fratello fosse a capo del Paese.

L'obiettivo di Pol Pot per il suo Paese si rivelò presto irraggiungibile. Nei suoi calcoli sulla produzione di riso, era stato troppo ottimista. La popolazione lavorava 16 ore al giorno sulla terra, ma non riusciva a produrre tre tonnellate per ettaro, come richiesto da Pol Pot. Prima della rivoluzione, la coltivazione del riso in Cambogia rendeva una tonnellata per ettaro. Il triplo era davvero impossibile.

I cambogiani non disponevano di fertilizzanti e macchinari agricoli a sufficienza; inoltre, molti provenivano da aree urbane e non sapevano quasi nulla di agricoltura. Non c'era abbastanza riso e già nell'autunno del 1975 la popolazione stava morendo di fame. All'inizio tutti ricevevano tra la mezza ciotola e l'intera ciotola di riso al giorno, ma la razione diventava sempre più piccola e alla lunga era solo un fondo.

C'erano carestie in tutto il Paese, ma a Pol Pot non importava. Il suo obiettivo era quello di fare soldi esportando riso, e mentre i suoi connazionali soccombevano in massa per fame, malattie o stanchezza, lui aveva grandi camion carichi di metà del raccolto delle comunità.

19

Con l'aumentare della carestia, la popolazione era sempre meno favorevole alla rivoluzione e la situazione non migliorò quando Pol Pot interferì con la loro fede. I cambogiani erano stati buddisti devoti per migliaia di anni, ma ora la loro fede era vista come un'ideologia rivale.

Pagode, templi e monasteri furono distrutti o adibiti a prigioni di tortura, da cui solo pochi dei circa 50.000 monaci riuscirono a uscire indenni.

I beni personali erano pochi e lontani tra loro. Veniva portato via tutto, dalle padelle ai polli, dal bestiame agli aratri, perché nessuno poteva possedere più di un altro. L'unica cosa che i cambogiani potevano avere era un vestito nero, un fazzoletto, una ciotola e un cucchiaio, da usare durante i pasti comuni, e anche questa era un'intrusione nella vita privata.

Prima della rivoluzione, le famiglie mangiavano sempre insieme e il pasto era un affare sociale, ma dal 1975 uomini, donne e bambini mangiano separatamente gli uni dagli altri in sale da pranzo sorvegliate.

Nel tentativo di sradicare gli oppositori politici del regime di Lon Nol, i Khmer Rossi uccisero circa 200.000 ex soldati, poliziotti e funzionari in un anno, a partire dal settembre 1975. Nonostante tutte le epurazioni, il nemico era ovunque, anche nel partito. Almeno così pensava Pol Pot, che indicava nei traditori la causa della crisi.

Il lotto è affetto da una malattia che non riusciamo a individuare con precisione. Stiamo cercando diligentemente questi microbi. Si stanno nascondendo, ma con il progresso della nostra rivoluzione socialista li troveremo", ha avvertito Pol Pot durante una riunione di partito nel 1976.

In una trasmissione radiofonica di qualche mese dopo, disse che il 2% della popolazione (circa 140.000 persone)

erano "sabotatori, nemici o traditori". Questi possono
essere sterminati proprio come i batteri.

Pol Pot fa massacrare la gente dalla polizia

Le forze di sicurezza di Santebal avevano le mani occupate, ma con gli ordini di Pol Pot il carico di lavoro crebbe a dismisura. Seguendo il motto che era meglio uccidere 10 innocenti che lasciare andare un colpevole, Santebal iniziò la caccia all'uomo per i potenziali nemici.

Ce n'erano molti: le persone con gli occhiali venivano etichettate come intellettuali e per questo motivo dovevano essere messe a morte. Anche gli stranieri e i cambogiani con partner stranieri erano sospettati di essere agenti segreti. Nel 1978, circa 400.000 persone furono massacrate nella parte orientale del Paese perché avevano, secondo le parole di Pol Pot, "un corpo khmer ma una mente vietnamita".

Il sangue scorreva anche nella leadership del partito. Durante la tortura, i ministri e i leader distrettuali sono stati costretti ad ammettere ogni tipo di peccato, come l'essere miopi o pigri. Entrambi erano punibili con la morte. Hanno portato con sé nella morte le loro intere famiglie: le mogli, i figli, i genitori, tutti quanti. Più le persone di cui avevano

23

mormorato i nomi in preda alla disperazione durante le
torture.

Pochi hanno ottenuto il proiettile, perché questo metodo
era troppo costoso. Piuttosto, la nuca veniva lavorata con
una barra di ferro o l'addome veniva squarciato. I bambini
venivano talvolta lanciati in aria e impalati su una
baionetta.

Le fosse comuni in tutto il Paese erano piene di cadaveri,
ma le purghe non avevano ancora prodotto i risultati
sperati. Il regime era nei guai fino al collo, la gente moriva
di fame e Pol Pot vedeva ancora traditori e sabotatori
ovunque.

Per la sua sicurezza, si è trincerato dietro le alte mura
delle residenze di massima sicurezza a Phnom Penh e
dintorni.

Qui era circondato da servitori che non erano mai sicuri
della loro vita. Se Pol Pot aveva mal di stomaco, pensava
di essere stato avvelenato e il cuoco veniva ucciso. Se
l'energia elettrica veniva a mancare o
l'approvvigionamento idrico vacillava, i sorveglianti
dovevano pagare con la vita questi difetti.

Processo interno a Pol Pot

All'inizio degli anni '80 morì Khieu Ponnary, la moglie di Pol Pot che aveva perso la ragione anni prima, e nel 1985 il 60enne leader partigiano sposò Mea Son, di circa 30 anni più giovane.

Un anno dopo nacque Sith, l'unico figlio di Pol Pot.

La famiglia condusse una vita relativamente tranquilla nella giungla per diversi anni, ma quando i Khmer Rossi dovettero affrontare dissidenti e divisioni interne a metà degli anni '90, Pol Pot divenne totalmente paranoico e andò su tutte le furie.

L'anziano ex dittatore credeva fermamente che i suoi compagni di partito stessero tramando un colpo di Stato contro di lui. Ha inviato le sue guardie del corpo a colpire la presunta mente del colpo di Stato, l'ex ministro della Difesa Son Sen, compresa la moglie e le loro famiglie. Un totale di 14 bambini e adulti sono stati uccisi a colpi di pistola e poi travolti da un camion.

Dopo questo barbaro massacro, Ta Mok, il capo militare supremo dei Khmer Rossi, temeva che fosse arrivato il suo turno. Ordinò quindi ai suoi uomini di arrestare Pol Pot, che fuggì nella giungla con la moglie e la figlia. Dopo tre giorni sono stati catturati. Pol Pot, completamente esausto, era più morto che vivo.

Il 25 luglio 1997, nel corso di un processo farsa, Pol Pot, visibilmente indebolito, è stato condannato all'ergastolo per l'omicidio di Son Sen e della sua famiglia e per tradimento nei confronti dei Khmer Rossi.

Morte al traditore Pol Pot, le sue mani sono sporche di sangue", hanno gridato gli ex sostenitori di Pol Pot, seduto su una sedia di legno e costantemente appoggiato a un bastone di bambù.

Il 23 ottobre 1997, durante i suoi arresti domiciliari, Pol Pot ha dato un eccezionale

intervista al giornalista televisivo statunitense Nate Thayer. Pol Pot ha parlato della sua morte imminente e ha risposto alle domande sul genocidio: "Per quanto riguarda la mia coscienza e la mia missione, non ho problemi. Sono stati commessi degli errori, ma il mio obiettivo era quello di guidare una rivoluzione, non di uccidere delle persone.

Guardatemi, vi sembro un uomo crudele?" chiese retoricamente, rispondendosi: "No!

Nei mesi successivi, Pol Pot si ammalò sempre più e riuscì a malapena a respirare senza una maschera d'ossigeno.

Quando alle otto di sera del 15 aprile 1998, come di consueto, accese la radio per il notiziario, le sue ultime forze vitali si stavano esaurendo. Secondo quanto riferito, le sue guardie carcerarie volevano consegnarlo al tribunale internazionale affinché fosse processato per i suoi crimini contro l'umanità. Dopo la trasmissione, Pol Pot disse alla moglie che si sentiva stanco e non stava molto bene. Pochi minuti dopo ha esalato l'ultimo respiro.

La storia dei Khmer Rossi

I Khmer Rossi (Khmer: ខ្មែរក្រហម Khmêr Khrôm) erano il ramo militare del Partito Comunista della Kampuchea Democratica (oggi Cambogia). Khmer è il nome del popolo che abita la Cambogia. I Khmer Rossi sono responsabili della morte di circa 1,7-2 milioni di persone su una popolazione di 7 milioni, tra il 1975 e il 1979, quando erano al potere.

Ascesa e presa di potere

Negli anni '60 e '70, i Khmer Rossi hanno condotto una guerriglia contro il governo del principe Norodom Sihanouk e del generale Lon Nol. Il movimento era stato originariamente creato dai comunisti vietnamiti, che per lungo tempo hanno mantenuto un saldo controllo. Molte unità erano in realtà composte da vietnamiti e inizialmente i quadri superiori erano controllati da vietnamiti.

L'ascesa al potere di Lon Nol nel 1970 fu accompagnata dall'estensione della guerra del Vietnam alla Cambogia. A differenza di Sihanouk, Lon Nol cercò il sostegno degli Stati Uniti e del Vietnam del Sud e agì duramente contro i

Vietcong e i Khmer Rossi in Cambogia. Gli americani hanno bombardato intensamente le aree controllate dai comunisti con i bombardieri B-52, spianando regolarmente i villaggi, poiché i B-52 non sono bombardieri di precisione.

I bombardamenti statunitensi, gli incidenti tra le truppe sudvietnamite e la popolazione e la cattiva gestione del governo di Lon Nol spinsero la popolazione nelle braccia dei Khmer Rossi e il regime di Lon Nol crollò. Il movimento crebbe e nel 1972 i vietnamiti furono costretti a riconoscere Pol Pot come alleato a tutti gli effetti, anziché come junior partner. Un'altra importante vittoria politica fu la mostruosa alleanza con Norodom Sihanouk che i Khmer Rossi conclusero sotto pressione cinese. Il sostegno dell'ex re si rivelò essenziale per conquistare la fiducia del popolo.

Già durante l'avanzata dei Khmer Rossi, Pol Pot era rimasto colpito dalla semplicità della gente di montagna. Inoltre, molti Khmer rossi provenivano dalle campagne molto primitive e non amavano le città. Una volta che i Khmer Rossi avevano conquistato una città di provincia, la vita quotidiana di solito riprendeva nel giro di pochi giorni, con grande disappunto di Pol Pot. Se tutto rimanesse com'è, per lui la rivoluzione non servirebbe a nulla. A questo punto il partito elaborò soluzioni più radicali, come la deportazione della popolazione, e iniziò a metterle in pratica. Secondo Pol Pot, se la gente non voleva cambiare, tutti dovevano essere costretti a diventare contadini. Inoltre, ha introdotto la semplice uniforme nera che tutti dovevano indossare. Gioielli e simili sono stati vietati.

Nell'aprile 1975, i Khmer Rossi entrarono a Phnom Penh dopo che i leader politici e militari e la maggior parte degli stranieri erano fuggiti dalla città. Pol Pot divenne il dittatore della Cambogia, ma Norodom Sihanouk fu nominato capo di Stato titolare, il che rafforzò notevolmente la posizione dei Khmer Rossi. Col tempo, Sihanouk si accorse che in pratica non aveva nulla da dire, per cui si dimise da capo di Stato.

Dopo pochi giorni dall'occupazione di Phnom Penh, i Khmer Rossi hanno evacuato la città e spinto la popolazione nelle campagne. Ufficiali e soldati dell'esercito governativo sono stati in alcuni casi fatti a pezzi e giustiziati. La pesantezza delle deportazioni variava da comandante a comandante.

Mentre alcuni comandanti permettevano alla popolazione di prendere gli effetti personali o di tornare al luogo di nascita, altri li costringevano ad andare dove volevano.

Dei 2,5 milioni di abitanti di Phnom Penh, 1,9 milioni erano originariamente fuggiti dalle campagne a causa della guerra e quindi si trovavano ragionevolmente a loro agio.

Per gli abitanti della città originaria, tuttavia, è stata una lotta in salita. Non conoscevano nessuno e si trovavano in fondo alla gerarchia. La disobbedienza era punita con le percosse o l'esecuzione.

In questa fase iniziale non fu nemmeno rivelato che i Khmer Rossi stavano combattendo per un partito

comunista; si parlava semplicemente di "Angkar"
(l'Organizzazione).

Regime dei Khmer Rossi (1975-1979)

Le città cambogiane furono svuotate e la popolazione fu costretta a trasferirsi in fattorie collettive nelle campagne. Qui dovevano lavorare dalle 12 alle 14 ore al giorno, sette giorni su sette, in un regime di schiavitù. Le razioni erano minime. La maggior parte delle volte i beni personali dovevano essere lasciati indietro.

La dottrina comunista è stata combinata con un'ideologia spartana di "ritorno alle origini". Le città sono state bollate come "malvagie" dai Khmer Rossi delle campagne, così come gli intellettuali, molti dei quali, peraltro, avevano lavorato per il regime di Lon Nol. Molti - soprattutto monaci, insegnanti, medici, funzionari pubblici, militari e intellettuali

- sono stati giustiziati, spesso senza motivo o per reati minori. Indossare occhiali o abiti ordinati (civili), o possedere un libro (straniero) o conoscere una lingua straniera era motivo sufficiente per l'esecuzione.

Nei collettivi, le persone erano divise in tre categorie: gli aventi diritto, gli aspiranti e i deportati. Gli aventi diritto hanno ricevuto il miglior trattamento e il miglior cibo e hanno potuto partecipare alla festa. Gli aspiranti erano abitanti delle campagne e delle città che provenivano dalla campagna. Anche loro hanno ricevuto un trattamento migliore. I deportati costituivano una categoria residuale di

34

abitanti delle città e di intellettuali. Erano trattati peggio e ricevevano meno cibo.

Gli aventi diritto e gli aspiranti tali sono stati intensamente indottrinati nelle fattorie collettive. Non si indossavano distintivi di grado, ma l'altezza di grado dei quadri del partito era misurata dal numero di penne e matite portate nel taschino dell'uniforme nera.

Oltre alla completa abolizione orwelliana delle parole che indicano l'individualità, è stato adottato un metodo di autocritica, in linea con l'ideologia maoista. Non solo si doveva scrivere la storia della propria vita e criticarla sulla base della dottrina, ma si dovevano persino proclamare ogni giorno i propri errori in un contesto collettivo, così come i misfatti degli altri. I reati comprendevano la conservazione o la raccolta di cibo per sé, la tenuta di un diario, l'insubordinazione o il rendimento inadeguato. Le punizioni per questi casi comprendevano la riduzione delle razioni, il salto dei pasti, le punizioni corporali e l'esecuzione. Tutti sono stati deliberatamente tenuti in uno stato di paura costante e di squilibrio psicologico, in modo che le persone non pensassero nemmeno di resistere o di ribellarsi. I vietnamiti etnici e i Cham hanno sofferto particolarmente.

La famiglia è stata abolita. Solo Angkar stabiliva chi poteva procreare con chi e allevava i figli che ne derivavano. Non era più consentito usare parole come "padre" e "madre". Il cibo doveva essere consumato solo collettivamente durante i pasti nella sala da pranzo. Anche la raccolta di frutta era proibita perché sarebbe stata "egocentrica"; tutta la frutta apparteneva ad Angkar. Ridurre le razioni o negare del tutto il pasto era una punizione popolare che

36

spesso portava a diventare troppo malati per lavorare, a non ricevere nulla e infine a morire.

Anche il denaro fu abolito e in seguito fu scoraggiato persino il baratto. Angkar fornirà il necessario. Coloro che costruivano o raccoglievano le cose da soli erano "egocentrici" e per questo venivano puniti. In seguito, Pol Pot decise di allentare un po' le redini e si pensò di reintrodurre il denaro.

La cooperazione e il coordinamento tra le diverse unità dei Khmer Rossi sono stati scarsi. Questo ha incoraggiato atrocità e carestie. I comandanti sapevano che sarebbero stati puniti in caso di prestazioni inadeguate e, in ogni caso, non volevano arrivare ultimi. Questo ha creato una certa competizione che ha portato alla radicalizzazione. La mancanza di coordinamento favorì la carestia, poiché le comunicazioni tra i territori erano ostacolate e il commercio era scoraggiato o addirittura vietato. Il Museo Tuol Sleng e i numerosi campi di sterminio (tra cui Choeung Ek) sono ancora oggi i testimoni silenziosi delle uccisioni di massa che hanno avuto luogo.

37

Nei pressi del confine con il Vietnam, nel maggio e giugno del 1978, Sao Phim - leader regionale dei Khmer Rossi - diede inizio all'unica ribellione interna contro il regime comunista centrale. La rivolta fu repressa e Sao Phim si suicidò. Sua moglie e i suoi figli sono stati uccisi dai Khmer Rossi durante il suo funerale.

Una volta ripristinato il potere centrale dei Khmer Rossi, ogni abitante della zona fu condannato a morte. Da maggio a dicembre 1978, in questa regione sono state uccise dalle 100.000 alle 250.000 persone. Il villaggio natale di Sao Phim è stato completamente massacrato, con 700 morti.

I sopravvissuti nella regione hanno dovuto indossare abiti blu invece di quelli neri. Gli insorti sopravvissuti fuggirono in Vietnam, dove in seguito si unirono all'ingresso del Vietnam in Cambogia per deporre Pol Pot.

I leader

- **Saloth Sar** (1925-1998), Fratello Numero 1, soprannominato Pol Pot, leader effettivo dei Khmer Rossi, primo ministro della Kampuchea Democratica (1976-1979) e segretario generale del

Partito Comunista della Kampuchea (1963-1981), arrestato nel 1997 per ordine di Ta Mok, che gli è succeduto come leader;

- **Lau Kim Lorn** (1926-2019), Fratello numero 2, soprannominato Nuon Chea e chiamato anche Long Bunruot, speaker del Parlamento (1976-1979), vice segretario generale del Partito Comunista, condannato all'ergastolo il 7 agosto 2014;

- **Ieng Sary** (1925-2013), fratello numero 3, cognato di Pol Pot, sposato con Ieng Thirith, vice primo ministro e ministro degli Esteri (1975-1979), arrestato nel 2007, morto prima della sentenza;

- **Ieng Thirith (**1931-2015, nata Khieu Thirith), ministro degli Affari sociali, sposata con Ieng Sary e sorella di Khieu Ponnary, prima moglie di Pol Pot, soffre del morbo di Alzheimer, per cui è stata rilasciata nel novembre 2011 e di nuovo nel settembre 2012 dopo aver revocato la decisione;

- **Khieu Samphan** (*1931), Fratello numero 4, capo di Stato della Kampuchea Democratica (1976-1979), responsabile delle relazioni internazionali dei Khmer Rossi dopo il 1979, condannato all'ergastolo il 7 agosto 2014;

- **Chhit Choeun**, anche Ng/Ung/Nguon/Eang/Ek Choeun/Eng/Kang (1926-2006 circa), Fratello numero 5, 6 o 7, soprannominato Ta Mok (nonno Mok), capo di stato maggiore dell'Esercito Nazionale Democratico della Kampuchea, ultimo leader dei Khmer Rossi;

- **Ke Vin** (1934-2002), Fratello numero 13, soprannominato Ke Pauk, segretario del partito della Cambogia settentrionale;

- **So Phim**, anche Sao Pheum (1925-1978), Fratello numero 18, soprannominato So/Sao Vanna, alla fine degli anni '40 leader dei Khmer issarak che resistevano al dominio coloniale francese, insieme a moglie e figli vittime delle purghe del 1978 nella Cambogia orientale dove comandava l'esercito;

- **Son Sen** (1930-1997), Fratello numero 50 o 89, soprannominato Fratello Khiev/Khieu, ministro della Difesa, sposato con Yun Yat, giustiziato con la sua famiglia per ordine di Pol Pot;

- **Yun Yat** (1934-1997), ministro dell'Istruzione (1975-1977), sostituì il giustiziato Hu Nim come ministro dell'Informazione e della Propaganda nel 1977, sposato con Son Sen, giustiziato insieme a lui e ad altri membri della famiglia, compresi i figli, per ordine di Pol Pot;

- **Tuork Penh** (1934-1978), soprannominato Vorn Vet, vice primo ministro e ministro dell'Economia (1976-1978), giustiziato nel dicembre 1978;

- **Hu Nim** (1932-1977), ministro dell'Informazione e della propaganda, giustiziato nel luglio 1977;

- **Kaing Guek Eav**, anche Kang/Kaing Kek Ieu/Iev (1942-2020), soprannominato Douch, anche Duch o Deuch, insegnante di matematica, responsabile del centro di tortura S-21, condannato in appello all'ergastolo il 3 febbraio 2012.

Espulsione e disintegrazione

Nonostante il sostegno vietnamita, ci furono continue schermaglie tra vietnamiti e cambogiani, anche prima della presa di potere nel 1975. Il Vietnam era il tradizionale arcinemico dei Khmer.

Era più grande e più densamente popolata, aveva contribuito alla distruzione della civiltà khmer in passato e, a differenza della Cambogia, era fortemente influenzata dalla Cina.

L'odio per i vietnamiti era molto radicato anche tra i Khmer Rossi e il regime assunse una posizione sempre più provocatoria.

Gli argomenti di conflitto sono stati il maltrattamento degli immigrati vietnamiti in Cambogia, le rivendicazioni cambogiane nei confronti dei Khmer Krom e un conflitto su alcune isole del Golfo di Thailandia al largo della costa cambogiana rivendicate dal Vietnam. C'era anche fastidio per il grado di influenza che il Vietnam stava cercando di esercitare, che coincideva con la paura e l'invidia preesistente dei cambogiani nei confronti del grande vicino orientale vietnamita.

Nel 1976 e nel 1977 Pol Pot ha condotto grandi purghe anti-vietnamite. I Khmer Rossi hanno persino invaso regolarmente il territorio vietnamita di confine, bruciando e saccheggiando villaggi. A partire dal 1977, i combattimenti al confine sono stati quasi costanti.

Anche il Vietnam comunista era visto come una minaccia, forse ancora di più ora che era di nuovo unito. I Khmer Rossi hanno cercato di ottenere il sostegno della Repubblica Popolare Cinese. Pol Pot contava sul sostegno della Cina in caso di guerra con il Vietnam. In questo modo, il "clientelismo" vietnamita potrebbe essere affrontato e forse il Delta del Mekong potrebbe essere ricongiunto alla Cambogia.

I vietnamiti hanno messo a riposo diverse spedizioni punitive e alla fine hanno deciso per un'operazione militare su larga scala per espellere i Khmer Rossi. Nel dicembre 1978, un esercito di 150.000 vietnamiti invase la Cambogia. Le deboli unità dei Khmer Rossi furono sopraffatte nel giro di due settimane. I vietnamiti occuparono quasi tutto il Paese e insediarono un nuovo governo. La Cina ha invaso il Vietnam nella guerra sino-vietnamita, in parte per alleviare i Khmer Rossi.

Il piano fallì; l'attacco si risolse in modo insoddisfacente
per i cinesi e fu insufficiente a convincere i vietnamiti a
ritirare le truppe dalla Cambogia. Il sostegno è arrivato
indirettamente anche dagli Stati Uniti, che hanno fatto in
modo che il seggio all'ONU della Cambogia non passasse
(per il momento) al nuovo regime sostenuto dal Vietnam. I
vietnamiti furono inizialmente accolti dalla popolazione
come liberatori, ma poi divennero sempre più impopolari.

Dopo l'espulsione del regime di Pol Pot da parte dei
vietnamiti, i Khmer Rossi resistettero per anni nella giungla
cambogiana. Negli anni '90, i Khmer Rossi si erano ritirati,
tra l'altro, sui monti Dongrek. Era sostenuta da Cina e
Thailandia, e indirettamente dagli Stati Uniti, che in questo
modo volevano esautorare il Vietnam e il suo alleato
russo.

L'ideologia comunista è stata radicalmente abbandonata e
il Partito Comunista è stato sciolto, nella speranza di
costruire una buona volontà tra la popolazione e all'estero.
I Khmer Rossi persero sempre più sostegno e
cominciarono a disintegrarsi negli anni '90. Diversi leader

hanno disertato e lo stesso Pol Pot è stato imprigionato da Ta Mok, uno dei principali comandanti, per "malgoverno" nel 1997. Nove mesi dopo, Pol Pot morì in circostanze inspiegabili.

Ideologia

Angkar aderì a un'ideologia comunista, che in pratica si basava principalmente sul maoismo. Altre influenze intellettuali sono state: Lo sciovinismo dell'élite khmer, il nazionalismo del Terzo Mondo, la Rivoluzione francese e il comunismo stalinista.

Dopo il (fallito) Grande Balzo in Avanti, Mao decise che l'agricoltura avrebbe costituito la base dell'economia cinese. A seguito di ciò, nel 1977 Angkar decise il super Grande balzo in avanti con alla base l'agricoltura collettiva, in linea con la linea ormai modificata di Mao. Angkar

48

spinse selettivamente questa linea maoista molto più di quanto Mao avesse mai fatto.

Durante il Grande balzo in avanti, la leadership del partito del PCC aveva annunciato "attività congiunte di alzarsi, mangiare, dormire, lavorare e dopolavoro", e questa linea fu rigorosamente adottata dall'Angkar. Dopo il fallimento del Grande balzo in avanti in Cina, i lavoratori in eccesso sono dovuti tornare nelle campagne. Proprio in quel periodo, Pol Pot era in visita a Mao, che aveva appena deportato 20 milioni di lavoratori (con strutture ragionevoli e cibo sufficiente) nelle campagne, dove erano tornati a essere contadini (senza strutture e con razioni marginali). Pol Pot avrebbe fatto meglio del suo maestro Mao e avrebbe realizzato questo con tutti gli abitanti delle città. L'inno nazionale della Cambogia sotto i Khmer Rossi recitava: "Costruiamo la nostra patria in modo che possa fare un enorme balzo in avanti". Un immenso glorioso progressivo grande balzo in avanti".

Pol Pot ha tratto da Mao anche la repressione della vita familiare. Nel marzo 1958, quest'ultimo aveva proclamato che "la famiglia, così come era stata lasciata durante il primo comunismo, sarà abolita". Ha avuto un inizio e avrà

una fine. La famiglia è qualcosa che non favorisce la
produzione".

Tribunale

Dopo molti anni di difficili negoziati, nel 2004 è stato finalmente raggiunto un accordo tra le Nazioni Unite e la Cambogia sulla formazione di un Tribunale per la Cambogia per processare alcuni ex leader dei Khmer Rossi. Da tempo diversi politici cambogiani si opponevano a questa iniziativa perché avevano legami o provenivano dai Khmer Rossi. Il 3 ottobre 2004 si è comunque deciso di istituire un tribunale. Tuttavia, questo tribunale non aveva uno status internazionale, ma faceva parte del sistema giudiziario cambogiano.

A quel tempo, cinque sospetti chiave e gli ultimi leader dei Khmer Rossi potevano ancora essere processati: Nuon Chea (81), Ieng Sary (82), Khieu Sampan (76), Ieng Thirith (76) e Kaing Guek Eav (61).

Tre sospetti non potevano più essere perseguiti. Pol Pot era morto nel 1998; la sua prima moglie Kheiu Ponnary era morta nel 2003. Ta Mok, l'ex comandante e "Fratello numero 5", è stato arrestato dall'esercito cambogiano nel marzo 1999; è morto in un ospedale militare nel 2006 senza processo.

Kaing Gue Eav

Kaing Guek Eav (Choyaot, 17 novembre 1942 - Phnom
Penh, 2 settembre 2020), soprannominato "compagno
Duch", è stato il direttore della prigione S-21 di Phnom
Penh durante il regime dei Khmer Rossi.

Da insegnante di matematica a direttore di carcere

Kaing Guek Eav ha studiato matematica al Lycée
Suravarman II di Siem Reap. Nel 1962 ha conseguito la
prima metà del diploma di maturità e nello stesso anno la
seconda metà del diploma di maturità presso il famoso
Lycée Sisowath di Phnom Penh. Era il secondo migliore
del Paese. Divenne insegnante di matematica e rimase
tale finché non entrò in contatto con un gruppo di studenti
della Cina comunista a Phnom Penh. A causa di questo
contatto, è dovuto andare in prigione. Lì è stata alimentata
la sua simpatia per il comunismo. Dopo il suo rilascio, si è
iscritto al Partito Comunista, dove è salito fino a diventare
capo del servizio di sicurezza. Nel 1975, i comunisti Khmer
Rossi presero il potere e diedero vita a una nuova
Cambogia. Doveva essere un paradiso per i contadini;
tutto ciò che era contrario veniva sterminato. Kaing Guek

Eav divenne comandante della prigione S-21 di Phnom Penh e supervisionò personalmente le torture. Chiunque può finire in questa prigione: per aver rubato una patata, per aver portato gli occhiali o per aver usato con noncuranza parole inglesi o francesi. Alla fine del suo regno fece persino uccidere il suo più stretto aiutante. Teneva un registro meticoloso di ciò che accadeva a ogni prigioniero. È stato trovato un elenco di nomi di prigionieri con su scritto "Uccideteli tutti", firmato da lui.

Cristiano

Dopo la caduta del regime, ha continuato a vivere con il nome di Hang Pin. Intorno al 1996 si è convertito al cristianesimo ed è stato battezzato nel fiume Sangke insieme a molte altre persone dal pastore statunitense Christopher LaPel.

Tribunale della Cambogia

Nel 1999, riconosciuto dal giornalista Nic Dunlop dall'unica fotografia rimasta di lui, si è costituito alla polizia. Finora è l'unico membro del regime dei Khmer Rossi ad aver confessato pienamente la propria colpa e ad aver espresso rammarico. Tutti i crimini che hanno avuto luogo nell'S-21 (...) sono avvenuti su mia istruzione", ha detto Kaing Guek Eav. Ha confessato di aver torturato lui stesso delle persone. Se la lapidazione fosse un'usanza cambogiana, sarebbero autorizzati a imporla a me. Lo accetterei", ha detto con le lacrime agli occhi a una donna il cui marito e i cui figli sono stati uccisi a Tuol Sleng.

Il 26 luglio 2010, dopo che i pubblici ministeri avevano chiesto una condanna a 40 anni, il Tribunale della Cambogia ha condannato Kaing Guek Eav a una pena detentiva incondizionata di 35 anni per crimini contro l'umanità. Gli è stata risparmiata la pena massima dell'ergastolo perché ha collaborato pienamente e ha reso una confessione completa durante il processo, hanno dichiarato i giudici nel loro verdetto.

Tuttavia, quando è emerso che cinque anni sarebbero stati detratti dai 35 inflitti perché era stato detenuto per così tanto tempo senza accuse formali, cioè illegalmente, e che inoltre tutti gli 11 anni di detenzione preventiva sarebbero stati detratti dalla sentenza finale, si sono verificate scene di commozione nel palazzo di giustizia appositamente costruito alla periferia di Phnom Penh, con i parenti delle vittime che hanno espresso la loro insoddisfazione per l'amministrazione della giustizia. Sebbene molti avrebbero considerato l'ergastolo ancora clemente, divenne presto chiaro che rimanevano solo 19 anni del verdetto di 35 anni dopo la detrazione, per cui se il boia dei loro cari si fosse comportato bene, sarebbero stati messi in libertà vigilata dopo non più di 11 anni.

Che anche lo stesso Kaing Guek Eav non fosse d'accordo con la sentenza è stato evidente appena un giorno dopo, quando ha annunciato, tramite il suo avvocato cambogiano, che avrebbe fatto appello.

Nuon Chea

Nuon Chea, nato Lau Kim Lorn, chiamato anche Long Bunruot, soprannominato tra l'altro Fratello Numero 2 (Battambang, 7 luglio 1926 - Phnom Penh, 4 agosto 2019), è stato un capo ideologo cambogiano dei Khmer Rossi e vice di Pol Pot. Nuon Chea è stato arrestato nel settembre 2007 ed è stato incriminato dal Tribunale speciale della Cambogia, dove è stato accusato di crimini contro l'umanità e crimini di guerra. È considerato uno dei principali responsabili dei crimini commessi dal regime tra il 1975 e il 1979, che hanno causato più di un milione di morti.

Vita

Nuon Chea ha studiato legge a Bangkok alla fine degli anni '40, dove si è iscritto al Partito Comunista Thailandese. Dopo essere tornato in Cambogia, si è unito ai Khmer Rossi. Ha fatto una carriera ripida e alla fine è diventato vicesegretario del Partito dei Lavoratori di Kampuchea, che è stato rinominato Partito Comunista di Kampuchea nel 1966, la posizione numero 2 all'interno del partito dei Khmer Rossi. Quando i maoisti presero la capitale Phnom Penh nel 1975, divenne primo ministro nel regime successivo, come parte del comitato centrale permanente del partito comunista. Secondo Duch (Kaing Guek Eav), un altro imputato del Tribunale della Cambogia, Nuon Chea è in gran parte responsabile della prigione speciale S-21 (Tuol Sleng), dove i prigionieri venivano torturati e uccisi.

Dopo la conquista della Cambogia da parte del Vietnam nel 1979, la Cambogia fu trasformata nella Repubblica Popolare di Kampuchea, dopo la quale Nuon Chea si ritirò nella giungla. Nel 1998, dopo la fine definitiva dei Khmer Rossi, ha fatto un accordo con l'allora governo cambogiano che gli ha permesso di non essere perseguitato per un lungo periodo di tempo e da allora vive nella città di Pailin, vicino al confine con la Thailandia.

Nuon Chea e Khieu Samphan sono stati condannati dal tribunale di Phnom Penh il 7 agosto 2014. Sono stati condannati all'ergastolo per crimini contro l'umanità durante il loro ruolo di primo piano nel regime dei Khmer Rossi negli anni 1975-1979. Nel 2018 hanno ricevuto nuovamente la stessa condanna per genocidio. Nuon Chea è stato assistito dall'avvocato olandese Victor Koppe

durante il processo. Il documentario Defending Brother No
2 è stato realizzato sulla sua difesa.

Nuon Chea è morto in carcere all'età di 93 anni.

www.ingramcontent.com/pod-product-compliance
Lightning Source LLC
LaVergne TN
LVHW021250200726
843509LV00012B/1623